Entdecke Erfindungen & Erfinder

Bernd Hill

itelbild: Erfinder stehen oft im Ruf, etwas wunderlich zu sein, zwischen Genie und Wahnsinn.
)ie meisten sind allerdings absolut bodenständig.
ieite 1: Roboter gibt es mittlerweile selbst als Spielzeuge

SBN: 978-3-86659-393-0

© 2018 Natur und Tier - Verlag GmbH | An der Kleimannbrücke 39/41 | 48157 Münster
Tel.: 0251-13339-0
=ax: 0251-13339-33
E-Mail: verlag@ms-verlag.de
Home: www.ms-verlag.de
Geschäftsführung: Matthias Schmidt
.ayout: Ann-Christine Ottenjann
.ayout Titelbild: Michael Kolmogortsev
.ektorat und Bildredaktion: Kriton Kunz
)ruck: Alföldi, Debrecen

itelbild: Thinkstock Images International: Telefon: Sergey Skleznev | Glühbirne: Nastco | Fahrrad: ajt | Roboter: ikaSuh | Teleskop: jgroup / Shutterstock: Space Shuttle: Nerthuz | Heißluftballon: Nicku

hutterstock:
eite 1: Ociacia
eite 2+3: Chinnapong
ieite 5: Autos v. li.: 1. Everett Historical unten)/2. Dimitris Leonidas/ . Rawpixel.com/ 4. Dimitris Leonidas
eite 6: oben links: arka38
eite 6: oben rechts: Andrey Burmakin
ieite 6: unten: Sergei Kazakov
ieite 7: unten links: sax
ieite 7: unten rechts: Jan Schneckenhaus
eite 8: Mitte: Stocksnapper
eite 8: unten: motorolka
eite 9: oben: Pete Pahham
eite 9: unten: Gelpi
ieite 11: Oleg Golovnev
ieite 12+13: wanchai
ieite 12: oben: Anton-Burakov
ieite 12: Mitte: jaroslava V
eite 12: oben: science photo
ieite 13: unten: Morrowind
ieite 14: oben: Militarist
ieite 14: unten: glenda
eite 15: unten: Viktor Gladkov
eite 17: oben: Leo Blanchette
ieite 18: unten: Meoita
ieite 19: oben: Tanya Sid
ieite 19: Mitte: Bukhta Yurii
ieite 20: oben: Ekaphon maneechot
eite 20: unten: photomaster
ieite 21: hist. Bilder: Everett Historical
eite 22+23: YAKOBCHUK VIACHESLAV
ieite 24: oben: Be Good
ieite 26+27: Yuganov Konstantin
ieite 28: lassedesignen
eite 29: oben: Drozdowski
eite 30: oben: Everett Historical
ieite 30: unten: Dragon Images
ieite 31: oben: Olesia Bilkei
ieite 31: unten: Wavebreakmedia Ltd
eite 32+33: Cherkas
eite 32: Mitte: Ian Duffield
ieite 34+35: Brian A Jackson
ieite 34: unten: Everett Historical
ieite 35: unten: Dja65
ieite 36: Dmytro Zinkevych
Seite 37: Iakov Filimonov
Seite 38: LEONARDO VITI
Seite 39: unten: Ragne Kabanova
Seite 40+41: Everett Historical
Seite 44+45: Vadim Sadovski
Seite 46+47: StockStudio
Seite 46: Mitte: bluehand
Seite 48+49: tcsaba
Seite 50: oben: Valery Sidelnykov
Seite 51: oben: Gearstd
Seite 53: unten: Kim Christensen
Seite 54: oben: Olaf Speier
Seite 56: Mitte: Jason Vandehey
Seite 58: unten: Paleka
Seite 60+61: Andrey_Popov
Seite 62+63: Dean Drobot

Thinkstock Images International:
Seite 4: oben: nd3000
Seite 5: oben: MarKord
Seite 5: Straße: zmicierkavabata
Seite 7: oben: Allevinatis
Seite 15: Mitte: Photos.com
Seite 15, 17 unten, 21: Fotorahmen: LiliGraphie
Seite 16+17: tonefotografia
Seite 17: unten: Photos.com
Seite 24: unten links: Photos.com
Seite 39: oben: Riccardo_Mojana
Seite 41-45: Fahnen/Banner: d1sk
Seite 42+43: jakkapan21
Seite 42: Mitte: whiterabbit83
Seite 43: Mitte: Thinkstock Images
Seite 50: unten: Andrea Agrati
Seite 51: unten: Photodisc
Seite 52+53: eestingnef
Seite 55: Photos.com
Seite 56+57: ASIFE
Seite 56: unten: Photos.com
Seite 58+59: lilkar
Seite 59: oben (Stein): ginton
Seite 64: Zinkevych
Seite 19: unten: imageBROKER/ Rosseforp
Seite 24: unten rechts: JT Vintage
Seite 25: imageBROKER/ Siegfried Grassegger
Seite 52: oben: Science Source

mauritius images GmbH:
Seite 10: oben: SMART RM/ Werner Dieterich

Inhaltsverzeichnis

Überall auf der Welt arbeiten Menschen an neuen Erfindungen

Erfindungen treiben die Technikentwicklung voran

Computer, Auto, Flugzeug, Handy, Waschvollautomat sind uns selbstverständlich und unentbehrlich geworden. Erfindungen durchdringen alle Bereiche unseres Lebens und machen es bequemer, leichter und angenehmer. Mit Erfindungen hat der Mensch seine Umwelt verändert. Und mit der Weiterentwicklung der Technik hat er sich auch selbst verändert.

Die technische Entwicklung vollzieht sich durch die kreative, also schöpferische Tätigkeit des Menschen, durch Entdeckungen und Erfindungen.

Technik

Technik ist, wenn Erzeugnisse von Menschen gemacht und für bestimmte Zwecke verwendet werden. Dazu gehören:
- **technische Erzeugnisse, die einen Zweck erfüllen sollen**
- **menschliche Tätigkeiten mit Werkzeugen, Maschinen und Anlagen, mit denen diese Erzeugnisse hergestellt werden**
- **die Nutzung der technischen Erzeugnisse in der Arbeit, zur Lebenserhaltung und in der Freizeit**

Freie Sicht!
Als die US-Amerikanerin Mary Anderson Anfang des 20. Jahrhunderts mit der Straßenbahn fuhr, ärgerte sie sich darüber, dass der Fahrer dauernd anhalten musste, um die Scheiben von Schnee zu befreien. Daraufhin erfand sie 1903 den ersten Scheibenwischer. Er wurde noch von Hand bedient.

Anfänglich sind Erfindungen nicht besonders ausgereift. Das erkennen wir beispielsweise an Flugzeug, Auto, Telefon und Computer. Die Geschichte der Erfindungen ist daher ein ständiger Weiterentwicklungsprozess. Er ist nie abgeschlossen, solange es Bedürfnisse des Menschen gibt, die sich ja auch immer weiterentwickeln. Zum Beispiel werden Automobil und Flugzeug seit mehr als 100 Jahren stetig verbessert, ohne dass ein Ende zu verzeichnen ist. Unser Wissen auf allen Gebieten nimmt ständig zu und erlaubt es, die technische Entwicklung immer mehr zu beschleunigen.

Die Entwicklung beispielsweise des Autos wird ständig weiter perfektioniert

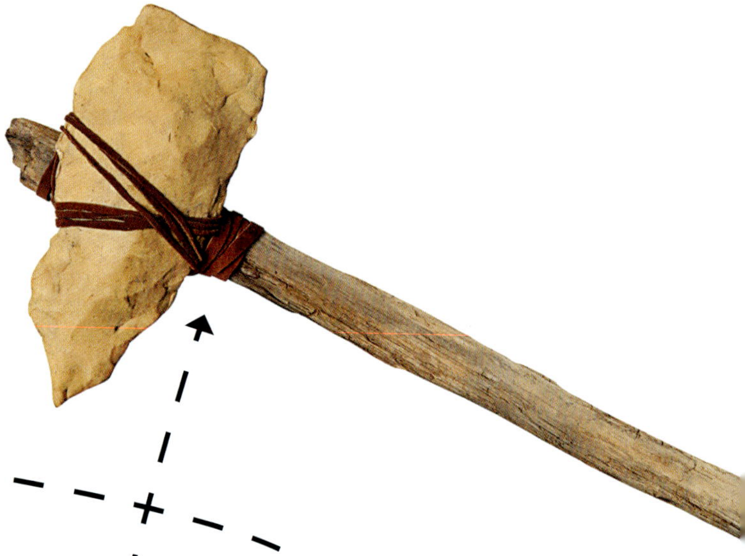

Vom Faustkeil des Urmenschen über ein primitives Beil...

Als der Mensch zum ersten Mal einen Stein als Werkzeug benutzte, um eine harte Fruchtschale zu öffnen, machte er eine wichtige Erfahrung. Er erkannte, dass durch die Nutzung dieses Werkzeuges seine Körperkraft verstärkt werden konnte. Später bearbeitete er den Stein, um ihn vielseitiger einzusetzen. Dazu brachte er an den Seiten messerscharfe Kanten an und spitzte ihn nach unten zu. So lag er schließlich handlich in der Faust und eignete sich zum Schneiden, Schaben, Bohren und Stechen.

Aus dem Stein war ein universelles Werkzeug geworden. Bevor einer unserer Vorfahren ihn bearbeitete, musste er eine genaue Vorstellung davon haben, wozu er ihn einsetzen wollte und welche Form sich dazu am besten eignete. Der Faustkeil war eine der ersten Erfindungen, ein technisches Erzeugnis des Menschen, das es in der Natur nicht gab.

Entdecken und Erfinden

Entdecken bedeutet etwas aufzufinden, was in der Umwelt schon vorhanden ist. Damit ist also gemeint: Das Aufdecken bestehender, bisher aber noch unbekannter Dinge, Gesetzmäßigkeiten oder Erscheinungen in Natur, Gesellschaft und Technik. Beispiele: eine bislang unbekannte Tierart, ein Mineral oder ein Naturgesetz. Erfinden dagegen ist das Erzeugen von etwas Neuem, in unserem Fall neuartiger technischer Erzeugnisse, die es bisher noch nicht gab. Es ist das Schaffen eines neuen, zuvor nicht dagewesenen und in der Natur nicht vorhandenen Objektes. Beispiele: Dampfmaschine, Auto oder Glühlampe. Oft besteht ein Zusammenhang zwischen Entdecken und Erfinden. Beispiel: Entdeckung des Haftmechanismus von Kletten und Erfindung des Klettverschlusses.

... bis zur heutigen Axt hat eine stetige Weiterentwicklung stattgefunden

Mit dieser Erfindung hatte der Mensch sein Dasein besser gestaltet. Dadurch konnte er auch aktiver auf seine Umwelt einwirken und sie für seine Zwecke verändern. Aber der Mensch wäre nicht zum Erfinder dieses Werkzeuges geworden, wäre er zuvor nicht Entdecker gewesen. Er entdeckte Erscheinungen der Natur sowie wichtige Eigenschaften von Naturmaterialien bei Bearbeitung und Verarbeitung. Die daraus gewonnenen Erkenntnisse setzte er in nützliche Erfindungen um. Eine technische Höherentwicklung vollzieht sich überhaupt nur durch die kreative Tätigkeit, durch Entdeckungen und Erfindungen. So wurden im Lauf der Zeit aus Stein- und Knochenbohrern Bohrautomaten.

In diesem Buch möchte ich Dir vorstellen, wie es zu Erfindungen und ihrer stetigen Verbesserung kommen kann. Natürlich zeige ich Dir auch einige bahnbrechende Erfindungen und die Menschen, die sie entwickelt haben. Vielleicht lässt Du Dich ja begeistern und machst selbst eine nützliche Erfindung?

Manchmal geht einem Menschen einfach ein Licht auf, und eine neue Erfindung ist geboren

Buchdruck

Vorläufer gab es zwar schon viel früher in Asien, aber eine der größten Erfindungen aller Zeiten machte Johannes Gutenberg (1400 bis 1468) aus Mainz: den Buchdruck mit beweglichen Lettern, also einzelnen, gegossenen Buchstaben. Damit konnten Druckvorlagen zügig hergestellt und Bücher erstmals rasch in großer Zahl gedruckt werden – mit einer Presse, wie Du sie hier auf dem Foto siehst. Auf diese Weise wurde Wissen nun viel schneller verbreitet als zuvor – eine wahre Revolution!

Natur als Ideen- und Lösungsquelle

Der Mensch entdeckte auch das Feuer und erfand Methoden sowie technische Mittel, mit deren Hilfe er es entzünden konnte. Dadurch war es ihm möglich, seine Nahrung zuzubereiten, die dunkle Nacht zu erleuchten, sich zu wärmen und noch viele andere Dinge damit zu machen. Entdecken können wir also, was in der Natur vorhanden ist. Daraus lassen sich ganz bestimmte Erkenntnisse ableiten, die für uns nützlich sind und uns bei der Entwicklung der Technik helfen. So kann der Mensch nach Vorbildern der lebenden Natur, also nach Pflanzen und Tieren, auch neue technische Mittel erfinden.

Die Vorbilder der Natur sind für die Technik des Menschen deshalb so bedeutsam, weil sie mit geringem Aufwand an Material und Energie sehr stabil sind und perfekt funktionieren. Erfindungen des Menschen wurden deshalb von jeher durch die Natur angeregt. Zeugnisse dafür sind Klettverschluss, Flugzeug, selbst reinigende Oberflächen, Flossenantriebe für Boote und viele andere mehr. Diese Methode, technische Lösungen nach Vorbildern aus der Natur zu entwickeln, nennen wir Bionik. Wenn Du mehr darüber erfahren möchtest: In der „Reihe mit der Eule" habe ich einen eigenen Band zu diesem Thema geschrieben.

Den Fruchtständen der Klette ...

... hat ein kluger Kopf den Mechanismus des Klettverschlusses abgeschaut

Das moderne Teleskop oder Fernrohr beruht auf einer Erfindung von Galileo Galilei

Von Zufällen, Geistesblitzen und angestrengtem Nachdenken

Entdecken und Erfinden sind kreative Tätigkeiten beim Lösen von Problemen in Naturwissenschaft und Technik. Werden durch Entdeckungen oder Erfindungen wichtige Bedürfnisse der Menschen umfassend erfüllt, besitzen sie große wirtschaftliche Bedeutung, sie werden also von vielen Menschen gekauft beziehungsweise regen Erfindungen an, die vielen Menschen nützen. Zu solchen Entdeckungen gehören beispielsweise das von Isaac Newton (1643 bis 1727) entdeckte Gesetz von der Schwerkraft oder die von Michael Faraday (1791 bis 1867) entdeckte magnetische Induktion, ein bis dato unbekanntes Naturgesetz, das heute beispielsweise Anwendung bei der Steuerung von Ampelanlagen findet. Auch die Entdeckung des Periodischen Systems der chemischen Elemente durch Dimitri I. Mendelejew (1834 bis 1907) war ein Meilenstein für die Wissenschaft.

Endlich ausreichend Papier!

Bis ins 19. Jahrhundert wurde Papier aus Lumpen hergestellt. Als die Menschen aber immer mehr Papier brauchten, wurden Lumpen als Rohstoff knapp – mit der Folge, dass auch Papier Mangelware war.

Friedrich Gottlob Keller (1816 bis 1895) kam schließlich auf die Idee, Papier aus feinen Holzfasern herzustellen, ähnlich wie es Wespen tun, wenn sie ihre Nester bauen. Mit diesem Verfahren konnte Papier endlich in Mengen fabriziert werden.

Solche frühen Automobile zu bauen, wurde nur möglich, weil der Verbrennungsmotor erfunden worden war

Neben Rad und Hebel sind Schlüsselerfindungen beispielsweise die von James Watt (1736 bis 1819) entwickelte Dampfmaschine mit getrennt angeordnetem Kondensator, die von Rudolf Diesel (1858 bis 1913) und Nikolaus A. Otto (1832 bis 1891) erfundenen Verbrennungsmotoren, das Gleitflugzeug von Otto Lilienthal (1848 bis 1896) oder das Fernrohr von Galileo Galilei (1564 bis 1642), das auf einem Vorgänger von Hans Lipperhey (um 1570 bis 1619) beruhte. Otto von Guericke (1602 bis 1686) erfand die Luftpumpe. Dabei entwickelte er zum einen eine Methode, um Luft aus geschlossenen Behältern herauszupumpen, zum anderen auch ein zweckmäßig konstruiertes Gerät, um dies in der Praxis durchführen zu können. Beides, Verfahren und Gerät, waren vorher noch nicht vorhanden gewesen.

Am Anfang einer jeden Erfindung steht der Wunsch, ein Problem zu lösen, beispielsweise schwere Lasten zu transportieren, große Entfernungen zu überwinden oder sich über weite Strecken zu verständigen.

Der geniale Galileo Galilei lässt einen Besucher das von ihm entwickelte Fernrohr ausprobieren

Manchmal muss man über das, was man sieht, genau nachdenken. Ein fallender Apfel soll Isaac Newton auf die Idee für sein Gesetz der Schwerkraft gebracht haben.

Entdeckungen erfolgen oft zufällig – aber nur dann, wenn der Betreffende aufmerksam hinschaut und versteht, was er da sieht. Erfindungen dagegen gelingen fast immer nur durch systematisches und zielgerichtetes Vorgehen.

Das kannst Du an zahlreichen Anekdoten um Entdeckungen und Erfindungen nachvollziehen. So soll Isaac Newton das Schwerkraftgesetz entdeckt und formuliert haben, als er einen fallenden Apfel beobachtete. Galileo Galilei bemerkte die Schwingungen einer Lampe im Dom zu Pisa und beschrieb daraufhin das Pendelgesetz. Es ist eines der fundamentalen Gesetze der Physik und Astronomie. Zufällig entstandene Schimmelflecken verhalfen Alexander Fleming (1881 bis 1955) dazu, das Penizillin zu entdecken, eine überaus wichtige Arznei.

Weil Alexander Fleming sich Gedanken über Schimmelflecken machte, können wir heute viele Krankheiten mit Antibiotika heilen

Geistesblitz in der Badewanne

Archimedes von Syrakus (285 bis 212 v. Chr.) kam darauf, wie man das Volumen eines unregelmäßig geformten Gegenstands bestimmt, als er in die Badewanne stieg und bemerkte, dass sein Körper Wasser verdrängte, das dadurch aus der Wanne schwappte. Zuvor hatte er vergeblich nach einer Lösung für folgendes Problem gesucht: Er sollte das Volumen einer Goldkrone ermitteln, um danach den Goldgehalt zu bestimmen.

Eulchen Xabi erzählt Dir oben die Geschichte, wie Archimedes auf die Idee dafür kam, den Goldgehalt einer Krone zu bestimmen. Der Vergleich des eigenen Körpers mit einer Goldkrone setzte eine allgemeine Betrachtungsweise voraus, denn gewöhnlich sieht man zwischen diesen Dingen eher Unterschiede als Gemeinsamkeiten. Die Archimedes-Anekdote ist ein treffendes Beispiel dafür, wie Vergleiche zu Ideen anregen können. Solche Vergleiche zur Findung von Ideen werden Analogien genannt. Analogien helfen dem Entdecker oder Erfinder beim Lösen des Problems.

Eine alltägliche Beobachtung soll die Erfindung des Kugelschreibers angeregt haben

Zur Erfindung des Kugelschreibers, wie Du ihn heute kennst, gibt es mehrere Anekdoten. Einer davon zufolge sah László Biró (1899 bis 1985), wie ein Ball durch eine Pfütze rollte und anschließend eine Wasserspur erzeugte – daraufhin soll ihm der Geistesblitz gekommen sein, einen Stift zu entwickeln, der nach diesem Vorbild arbeitet.

Kleines Paket

Den zusammenlegbaren Paketfallschirm, wie er auch heute noch benutzt wird, erfand Käthe Paulus Anfang des 20. Jahrhunderts.

Nicht nur Segen

Leider gibt es auch Erfindungen, die mehr Fluch als Segen für die Menschheit brachten. Dazu gehören etwa Schießpulver, Maschinengewehr und Atombombe. Spätestens hier begreifst Du sicher, welche Verantwortung jeder Wissenschaftler, jeder Erfinder hat. Erfinden ja – aber immer im Dienst eines Fortschritts, der dem Menschen auch wirklich nützt und niemandem schadet.

Fallende Äpfel, von Körpern verdrängte Flüssigkeiten, im Wind schaukelnde Lampen und Schimmelflecken haben schon viele andere Menschen vor den Entdeckern und Erfindern beobachtet, von denen Du auf der vorigen Doppelseite gehört hast. Sie konnten daraus jedoch keine wichtigen Entdeckungen ableiten, weil ihnen dazu die Voraussetzungen fehlten und sie nicht die Analogie, die Ähnlichkeit zwischen dem Beobachteten und einem bestimmten Problem erkannten.

Entdecker und Erfinder sehen also Dinge und Erscheinungen einerseits so, wie sie alle Menschen sehen, anderseits aber auch ganz anders: aus einem neuen Blickwinkel. Auf diese Weise bemerken sie neue Aspekte und Erscheinungen und leiten daraus Entdeckungen und Erfindungen ab. Entdeckungen und Erfindungen bedingen einander oft, denn viele Entdeckungen werden erst mithilfe von Erfindungen möglich und umgekehrt.

Betrachten wir zuerst Beispiele dafür, dass Erfindungen die Voraussetzung für Entdeckungen waren. So hätte Johann G. Galle (1812 bis 1910) den Planeten Neptun 1896 nicht zu entdecken vermocht, wenn nicht schon zuvor das Fernrohr erfunden worden wäre. Johannes Keppler (1571 bis 1630) formulierte die Planetengesetze – darin beschreibt er, wie diese sich auf ihren Bahnen bewegen. Auch ihm war das nur deshalb möglich, weil er die Himmelskörper durch ein Fernrohr beobachtet hatte.

Sauberes Geschirr

Die erste wirklich funktionierende, mit Wasserdruck arbeitende Geschirrspülmaschine wurde 1886 von der US-Amerikanerin Josephine Cochrane erfunden.

Saubere Zähne

Die Zahnpasta erfand Washington W. Sheffield im Jahr 1850 in den USA. Zuvor hatten sich die Menschen mit verschiedenen Pulvern die Zähne geputzt. Zuerst wurde die neue Zahnpasta in Dosen angeboten, in denen sie aber schnell austrocknete. Sheffields Sohn Lucius kam 1876 auf die Idee, Zahnpasta in Metalltuben zu verkaufen, wie sie Künstler für Farben benutzen.

Kreativität

Kreativität ist die Fähigkeit von Menschen, Kompositionen, Produkte oder Ideen hervorzubringen, die neu sind und vorher unbekannt waren. Kreativ ist alles Ungewöhnliche, „aus dem Rahmen Fallende“, Originelle und Fantastische.

Andererseits sind Entdeckungen auch Voraussetzungen für Erfindungen. So wurde das Gesetz für die Ablenkung von Elektronenstrahlen in elektrischen und magnetischen Feldern entdeckt – erst dies ermöglichte die Erfindung des Fernsehens, des Elektronenmikroskops und des Elektronenstrahlschweißens.

Es gibt auch eine Reihe von Beispielen, die zeigen, dass der Entdecker gleichzeitig Erfinder war, dass also unmittelbar im Anschluss an bestimmte Entdeckungen Erfindungen folgten. Wilhelm C. Röntgen (1845 bis 1923) etwa war nicht nur der Entdecker der Röntgenstrahlen, sondern zugleich der Erfinder des nach ihm benannten Röntgenapparates, mit dem Ärzte bis heute Aufnahmen vom Inneren des Menschen machen.

Jede Erfindung bedarf der Kreativität, ob sie ein privater Tüftler oder ein Wissenschaftler macht.

Wilhelm Röntgen war Entdecker und Erfinder zugleich

Der von ihm entwickelte Röntgenapparat erlaubt es, Blicke ins Körperinnere zu werfen

Erfinder und ihre Erfindungen

Die Erfindung des Kompass trug wesentlich dazu bei, dass Kapitäne auf See navigieren, also den richtigen Kurs finden konnten

Es gibt viele Erfindungen, die unsere Welt und unser Leben entscheidend verändert und geprägt haben. Erfindungen können von Einzelpersonen und fast zufällig entwickelt werden. Heute werden Erfindungen jedoch überwiegend von Teams systematisch hervorgebracht. Von den nahezu unendlich vielen Erfindungen, die es gibt, möchte ich Dir nun einige ganz besondere näher vorstellen. Dabei stehen natürlich die Personen im Vordergrund, die sie entwickelt haben. Ohne ihre Kreativität, ihre Fantasie und ihr Durchsetzungsvermögen wäre die technische Entwicklung unmöglich.

Der Zeit voraus

Leonardo da Vinci hatte die Idee zu diesem Flugapparat

Viele Erfindungen waren ihrer Zeit weit voraus, so wie der Kompass, den Chinesen schon im 4. Jahrhundert vor Christus entwickelten, oder Skizzen zu Fallschirm, Hubschrauber und Flugapparat von Leonardo da Vinci im 15. Jahrhundert.

Es fällt oft schwer, sich etwas noch nicht Dagewesenes vorzustellen, wenn wir mit neuen Ideen und raffinierten Lösungen bekannt gemacht werden. Niemand sollte sich deshalb wundern, wenn andere von seiner Idee oder Lösung erst einmal überhaupt nicht begeistert sind. Nicht nur neue Ideen zu entwickeln ist oft mit Schwierigkeiten verbunden, sondern auch, für diese Ideen dann Fachleute zu begeistern und sie in die Tat umzusetzen. Daher erfordert das Erfinden auch Zielstrebigkeit, Ausdauer und Wagemut.

Der Zeit voraus sein und sich technische Lösungen einfallen lassen, die weit über den bestehenden Stand der Technik hinausgehen – das kennzeichnet Erfinderpersönlichkeiten im weitesten Sinne. Die Geschichte kennt hier Geistesgrößen, die zwar nicht mit praktischen Erfindungen von sich reden machten, durch ihre kühnen Entwürfe und eine geniale Fantasie aber solche Erfindungen mit vorbereiten halfen.

Dazu gehört etwa Leonardo da Vinci. Auch der bekannte Schriftsteller Jules Verne (1828 bis 1905) ist hier zu nennen. Viele der Erfindungen, die er voraussagte, sind heute Wirklichkeit, wenn auch teils in anderer Form, als sich Jules Verne das vorgestellt hatte. Nicht allein seine fantastische Vorstellungskraft befähigte diesen Mann, wissenschaftliche Entdeckungen und technische Neuerungen bereits zu einem Zeitpunkt zu beschreiben, als sie überhaupt noch nicht erfunden waren. Durch seinen unermüdlichen Fleiß und die ständige Wissbegier war Jules Verne auch außerordentlich gut über die wissenschaftlich-technischen Erkenntnisse seiner Zeit informiert und konnte daraus Schlüsse für die zukünftige Entwicklung ziehen.

Leonardo da Vinci war ein Genie auf verschiedenen Gebieten und machte viele Erfindungen

Experten haben nicht immer Recht

Oft muss der Erfinder sogar gegen Vorurteile ankämpfen und verkraften, dass Fachleute seine Erfindung erst einmal für „unmöglich" erklären. So erging es auch einem der Erfinder der Dampflokomotive, George Stephenson (1871 von 1884). In einer englischen Tageszeitung schrieb ein bekannter Physiker, „dass es nichts Dümmeres und Lächerlicheres gibt als das Versprechen, eine Dampflokomotive zu bauen, die doppelt so schnell fährt wie eine Postkutsche!"

Auch einem der Wegbereiter des modernen Telefons widerfuhr Ähnliches, Philipp Reis (1834 bis 1874). Einige Wissenschaftler und Techniker taten seine Erfindung als Kuriosität und physikalische Spielerei ab. Als Reis begann, seine Telefonapparate zu verkaufen, verlangte eine Zeitung, die Polizei solle diese Scharlatanerie verbieten: „Die Behauptung, dass die menschliche Stimme über einen gewöhnlichen Metalldraht von einem andern übertragen werden könne, ist im höchsten Grade lächerlich!" Fazit: Die Telefone, die der Erfinder herstellen ließ, verstaubten in den Verkaufsregalen.

Gewaltige Höhen

Der Stratosphärenballon wurde für besonders hohe und ruhige Flüge entwickelt. Er steigt auf Höhen von 25 bis 35 Kilometern.

1883 hatte der deutsche Physiker Hermann von Helmholtz (1821 von 1894) nachzuweisen versucht, dass die größten Vögel die äußerste Möglichkeit des Fliegens bereits erreicht hätten. Etwas noch Größeres könne also nicht fliegen. 1891 bewies Otto Lilienthal mit seinem Gleitflugapparat das Gegenteil.

Dass Vorurteile von Fachleuten Erfindungen im Weg stehen können, wird besonders deutlich bei dem Erfinder des Stratosphärenballons, August Piccard (1884 bis 1962). Die Spezialisten der damaligen Zeit hielten seine Erfindung, einen extrem hoch steigenden Ballon, für utopisch und waren der Meinung, sie sei nicht realisierbar. Hier irrten selbst bedeutende Wissenschaftler auf ihrem Fachgebiet.

Ein weiteres Beispiel ist Charles Bourseul (1829 bis 1912). Er schrieb über mögliche Techniken, wie man Sprache mithilfe elektrischer Signale übertragen könne – wesentliche Voraussetzung für das später entwickelte Telefon. Allerdings erkannten damals weder Wissenschaftler noch die Öffentlichkeit, welch geniale Idee das war. Man hielt Bourseul für einen verrückten Träumer. Daraufhin arbeitete er leider nicht weiter an seinem Projekt.

Auch heute noch treffen Erfinder oft auf Vorurteile, auf kategorisches „Unmöglich" und „Geht nicht". Da helfen nur Arbeit und das Selbstvertrauen, dass man das Richtige tut. Der Erfolg gibt einem dann letztlich Recht. Hätten sich nämlich Erfinder durch solche Aussagen hemmen lassen, gäbe es heute keine Flugzeuge, Autos, Fernsehgeräte – es wären wohl kaum Erfindungen möglich.

Viele Wissenschaftler ihrer Zeit hielten es für unmöglich, eine Dampflok zu bauen, die doppelt so schnell wie eine Postkutsche fährt

Vom Teebeutel bis zum Telefon

Aber nicht nur „große“ Erfindungen erleichtern oder verschönern unseren Alltag. Auch solche nicht unbedeutsamen Erfindungen gehören dazu wie Teebeutel, Büroklammer, Dübel und Sicherheitsnadel. Obwohl sie „kleine Erfindungen“ darstellen, sind sie heute nicht mehr wegzudenken.

Es gibt aber auch solche Erfindungen, die uns wenig bis keinen Nutzen bringen und eher zu den überflüssigen Kuriositäten gehören. Sie sind einfach nur zum Schmunzeln. Dazu zählen solche Einfälle wie Eierköpfmaschinen, Zigarrenschaukeln, elektrische Spaghettigabeln und Zahnbürsten mit Zahnpastatube im Griff. Andere konnten sich nie durchsetzen, etwa das Auto mit Propellerantrieb.

Ob Büroklammer (oben) oder Schraube und Dübel (unten), viele Erfindungen sind aus unserem Leben nicht mehr wegzudenken

Nicht jeder Erfindung gelingt der Durchbruch ...

LED-Lampen können bei geringem Energieverbrauch verschiedenste Lichtfarben erzeugen

Oft entstehen zu gleicher Zeit an verschiedenen Orten auf der Welt gleiche oder ähnliche Erfindungen – einfach weil die Zeit dafür reif ist. So wurden beispielsweise Automobil, Flugzeug, Telefon und Glühlampe fast gleichzeitig durch mehrere Erfinder entwickelt und verbessert.

Beispielsweise perfektionierten Thomas Alva Edison (1847 bis 1931) und Joseph Wilson Swan (1828 bis 1914) die Glühlampe oder Glühbirne. Die ursprünglichen Erfinder der Glühbirne hatten Platindraht als Glühfaden benutzt, aber das funktionierte nicht richtig. Edison und Swan dagegen benutzten für ihre Glühlampen verkohlte Pflanzenfasern als Glühfäden, zum Beispiel Bambusfasern, und verbesserten sie auch in anderen Punkten. Erst dadurch wurde die Glühlampe zu einem wirklich brauchbaren und nützlichen Produkt.

Heute allerdings hat die „alte“ Glühlampe ausgedient, weil sie zu viel Energie verbraucht. Wir verwenden nun Energiesparlampen, die bei weniger Stromverbrauch mehr Licht erzeugen. Dazu gehören LED-Lampen. Ihr höherer Preis rechnet sich durch lange Haltbarkeit und den wesentlich geringeren Stromverbrauch. Insgesamt ist die Entwicklung der Beleuchtungsmittel ein langer Erfindungsprozess, von der Steinzeit bis heute.

LED

„LED“ bedeutet Licht emittierende Diode. „Emittieren“ heißt „abstrahlen“, und eine Diode ist ein elektronisches Bauteil.

Licht war für den Menschen schon immer wichtig. Kein Wunder, dass er sich bemühte, die Beleuchtung immer weiter zu verbessern.

Auch das Flugzeug hatte mehrere Erfinder, jedoch erkannte und beschrieb Otto Lilienthal erstmals die theoretischen Grundlagen des Fliegens und setzte diese in funktionsfähige Gleitflugapparate um. Er unternahm den ersten gesteuerten Gleitflug mit einem Apparat, der schwerer als Luft war. Die neu entstehende Wissenschaft der Luftfahrt erhielt durch Lilienthal also den entscheidenden Auftrieb.

Otto Lilienthal

Alexander Graham Bell

Ähnlich verlief die Geschichte des Telefons. Nachdem verschiedene technische Voraussetzungen dafür erfunden worden waren, entwickelten mehrere Erfinder funktionierende Telefonapparate, zum Beispiel Innocenzo Manzetti, Philipp Reis, Elisha Gray und Alexander Graham Bell (1847 bis 1922). Bell schaffte es schließlich auch, Telefone in großer Zahl zu produzieren und zu verkaufen.

Schon bald, nachdem Bell das Telefon erfunden hatte, wurde es in großer Zahl hergestellt und benutzt

Wie im Fall des Telefons passierte es sehr oft: Viele Menschen tüftelten und entwickelten ähnliche Ideen oder verbesserten frühe Modelle, aber nur einem gelang es schließlich, sie wirklich in großem Stil zu produzieren, an Kunden zu verkaufen und damit viel Geld zu verdienen. Du musst auch bedenken, dass es früher sehr schwer war, davon zu erfahren, wenn irgendwo auf der Welt jemand anders an derselben Erfindung bastelte wie man selbst. Viele Erfinder hätten ihre Mühe anderweitig verwenden können, wäre ihnen rechtzeitig zu Ohren gekommen, dass da einer schneller war.

Heute dagegen verhindern weltweite Kommunikation, Austausch von Informationen und folglich auch der allgemeine Zugang zum Weltwissen, dass etwas zum zweiten Mal erfunden wird. Andererseits schafft dieser weltweite Zugang zu Wissen auch Probleme: Manche versuchen, mit einer Erfindung fertig zu werden, bevor es andere schaffen, obwohl diese schon früher damit angefangen haben.

Zu tüfteln, zu basteln und Dinge zu erfinden, macht unheimlich Spaß!

Auch wenn so mancher Bastler und Tüftler belächelt wird – unsere heutige Welt wäre ohne die Ideen und technischen Lösungen der Erfinder, ohne all die vielen Maschinen, Geräte, Apparate und Erzeugnisse nicht denkbar. Es gäbe nichts davon, was unser Leben angenehmer, leichter und einfacher macht. Es gäbe keine Kleidung, keine Nägel, weder Papier noch Metallprodukte und Plastik, weder Waschmaschine noch Computer. Auch keine Seife. Und nicht einmal Zahnbürste und Zahnpasta, die uns frischen Atem schenken und unsere Zähne gesund halten.

Erfinder schützen ihre Erfindungen

Stell Dir vor, ein Erfinder hat jahrelang an einer völlig neuen Maschine gearbeitet, die sehr effektiv funktioniert. Er lässt sie bauen und verkauft sie mit viel Gewinn. Andere sehen die Maschine und denken sich: „Damit will ich auch Geld verdienen!“ Das wäre aber nicht fair, denn die Idee zu der Maschine stammte ja nicht von ihnen. Sie würden also mit etwas Geld verdienen, in das sie keinerlei Arbeit und keine geistige Idee gesteckt haben.

Die Jeans

Damit eine Idee zu einem Patent geprüft und schließlich ein Patent erteilt wird, muss man Geld bezahlen. Der Schneider Jacob Davis aus den USA hatte die Idee, die leicht reißenden Nähte der Hosen für Goldgräber und Arbeiter mit Nieten zu verstärken. Er besaß aber nicht das Geld, um ein Patent anzumelden. Deshalb ging er mit seiner Idee zu Levi Strauss, der damals Hosen herstellte. Davis und Strauss patentierten die Idee gemeinsam 1872 – die Geburtsstunde der Jeans.

Alexander Graham Bell, Erfinder des Telefons, füllt Unterlagen für die Anmeldung zum Patent aus

Diese Zeichnungen reichte Thomas Edison ein, um seine Glühbirne patentieren zu lassen

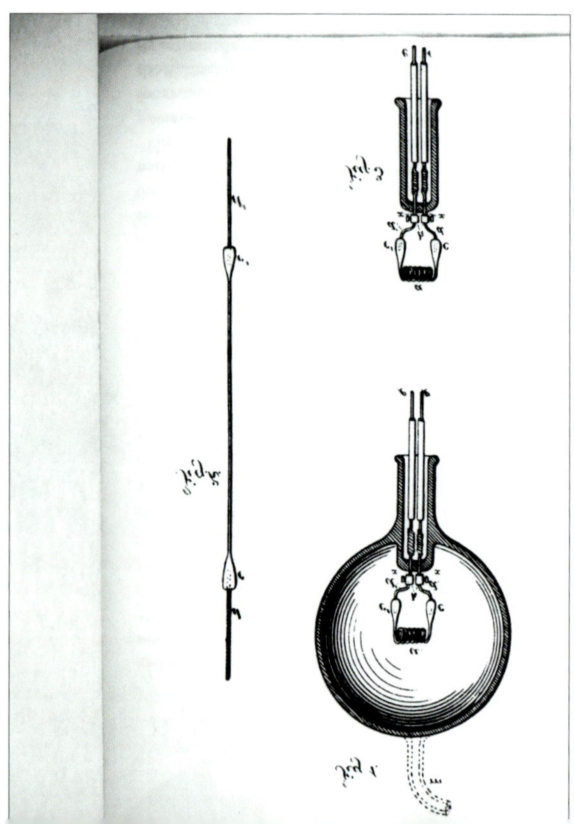

Das Patent

Ein Patent ist ein Schutzrecht für eine Erfindung. Es kann für solche Erfindungen erteilt werden, die neu sind, einer erfinderischen Leistung entsprechen und auch anwendbar sind. Der Inhaber des Patentes ist berechtigt, anderen die Nutzung seiner Erfindung zu erlauben oder zu untersagen. In Zweifelsfall entscheidet dann das Gericht.

Um Erfinder davor zu schützen, existiert das Patent: Erfinder lassen ihre Erfindungen zum Schutz vor Nachahmern patentieren. Noch bevor eine Erfindung an die Öffentlichkeit gelangen darf, lassen sie sich bestätigen, dass die Nutzungsrechte an dieser Idee geschützt sind, dass sie dem Erfinder gehören. Dafür wird vom Patent- und Markenamt ein Patent erteilt. Das ist ganz wichtig, denn es ist der Nachweis, dass der Erfinder die Idee zuerst hatte und damit der Eigentümer ist. Ähnlich wie bei einer Geldkarte, die nur demjenigen gehört und ermöglicht, Geld vom Konto abzuheben, dessen Name auf der Karte steht.

Der Erfinder stellt deshalb beim Patent- und Markenamt einen Antrag zum Schutz seiner Erfindung. Darin wird die Erfindung beschrieben. Es muss genau dargestellt werden, was daran neu ist und über den derzeitigen Stand der Technik hinausgeht. Der Textdarstellung werden zum besseren Verständnis Zeichnungen beigefügt. Ist der Antrag beim Patent- und Markenamt eingegangen, wird geprüft, ob die Erfindung tatsächlich neu ist. Wenn alles im Sinn der Richtlinien des Patentierens stimmt, erteilen die Patentprüfer dem Erfinder einen Bescheid. Darin steht, ob er ein Patent bekommt oder nicht. Jetzt erst kann sich der Erfinder durch das erteilte Patent gegen Nachahmer wirksam schützen.

Will nun ein anderer die Erfindung nutzen, muss er immer erst den Erfinder um Erlaubnis fragen und ihm dafür Geld bezahlen. Eine Patentverletzung ist eine unrechtmäßige Nutzung von Patenten. Das ist der Fall, wenn jemand ohne Zustimmung des Rechtsinhabers, also des Erfinders, das Patent nutzt. Dann kann der Erfinder, der das Patent hat, den Nachahmer verklagen.

Erfindungen schützen lassen

Das Deutsche Patent- und Markenamt ist eine Einrichtung zur Prüfung und Erteilung von Schutzrechten. Es beschäftigt an seinen Standorten in München, Jena und Berlin etwa 2 400 Mitarbeiter.

Erfinder sind kreativ und vielseitig

Erfolgreiche Erfinder versuchen – oft ihr Leben lang – das jeweils neuste Wissen auf ihrem Fachgebiet und häufig auch anderen Themengebieten zu erwerben. Sie lesen Fachbücher, informieren sich in Datenbanken, werten Zeitschriften aus, fertigen Wissensspeicher über aktuelle Erkenntnisse an und informieren sich in der Patentliteratur. (Was ein Patent ist, hast Du auf den vorigen Seiten erfahren.)

Hast Du viele gute Ideen und bist neugierig darauf, Zusammenhänge zu verstehen? Dann wirst vielleicht auch Du einmal ein großer Entdecker oder Erfinder!

Manchmal kramen sie dabei auch gern in alten Fächern des Patentamtes. Denn manche Idee ließ sich zur Zeit der Patentanmeldung technisch nicht verwirklichen, weil es beispielsweise noch keine geeigneten Materialien gab. Erfinder dürfen nicht nur, sondern sie sollen abgucken, wie Probleme in anderen Bereichen der Technik oder in der Natur gelöst werden. Das zeichnet im Grunde den Erfinder aus: ausdauernde Arbeit an einem Problem, bis es gelöst ist.

Jeder Mensch ist dazu imstande, eine Entdeckung oder eine wichtige Erfindung zu machen!

In früheren Zeiten glaubten die Menschen, die Fähigkeit, zu neuen Entdeckungen oder Erfindungen zu gelangen, sei nur ganz bestimmten Personen angeboren. Heute ist längst bekannt, dass jeder gesunde Mensch in einer fördernden, anregenden Umwelt zu kreativen Leistungen fähig ist. Also natürlich auch Du!

Problem

Ein Problem stellt etwas noch Unbekanntes dar. Man spricht von einer Wissenslücke, die erst dadurch geschlossen werden kann, dass neues Wissen erlangt wird. Mit diesem neuen Wissen besteht dann die Möglichkeit, eine Lösung zu finden.

Wenn Du gerne Rätsel löst, übst Du dabei Dein Denken

Aus dem Vollen schöpfen

Originelle Ideen entwerfen, noch nie dagewesene technische Lösungen erfinden, geniale Gedanken entwickeln — wer möchte das nicht? Voraussetzung dazu sind in erster Linie schöpferische Denktätigkeiten, insbesondere:

- die Flexibilität, also „Beweglichkeit“ und „Flüssigkeit“ des Denkens
- die Problemempfindlichkeit, also Probleme zu erkennen, die andere nicht sehen
- die Fantasie, das Vorstellungsvermögen
- Planmäßigkeit, das heißt Ordnen aller vorhandenen Ausgangsinformationen, Aufstellen eines Lösungsplanes

Diese Denktätigkeiten sind beim Menschen unterschiedlich ausgeprägt und werden zusammen wirksam, wenn es darum geht, Probleme zu erkennen und zu lösen. Durch Training, also Denksport, lassen sie sich verbessern. Möglichkeiten dazu gibt es viele – vom Lösen einfacher Kreuzworträtsel bis hin zu Knobel- und Ratespielen, die in verschiedenen Zeitschriften in Hülle und Fülle angeboten werden.

Ohne seine Hartnäckigkeit hätte Otto Lilienthal niemals einen funktionsfähigen Flugapparat entwickeln können

Ausdauer zahlt sich aus

Die Eigenschaften und die Vorgehensweise großer Erfinder können für uns Vorbild sein. Vorbilder – ob aus Vergangenheit oder Gegenwart – waren von jeher gute Lehrmeister: durch ihre beispielhaften Leistungen und vor allem auch dadurch, wie sie diese zustande brachten. Das kann anregen und Mut machen.

So ist wohl auch die Aufforderung von Manfred Baron von Ardenne (1907 bis 1997) zu verstehen, der im Lauf seines Lebens rund 600 Erfindungen in verschiedensten technischen Gebieten machte, unter anderem das Rasterelektronenmikroskop: „Sucht Euch große Vorbilder, studiert ihr Leben und Werk und versucht, ihnen nachzueifern!“ Als Thomas Alva Edison an einer funktionstüchtigen Glühlampe arbeitete, suchte er zuvor sehr lange nach einem geeigneten Material für den Glühfaden. Er experimentierte mit ungefähr 6 000 verschiedenen Ausgangsstoffen, bis er endlich das Passende fand: den Kohlefaden. Auch nach Einführung der elektrischen Beleuchtung suchte er noch viele Jahre mit Ausdauer nach immer besseren Glühfäden.

Genauso hartnäckig verfolgte der Flugpionier Otto Lilienthal sein Ziel. Er wollte einen funktionsfähigen Flugapparat entwickeln. Zunächst experimentierte er mit Schlagflügeln. Doch das war aussichtslos. Erst die Naturbeobachtung half ihm weiter: Daraus nahm er die Erkenntnis vom gewölbten Flügel der Vögel mit und setzte sie technisch um. Seine Gleitflugapparate brachten dann Erfolge. Wer weiß heute, wie viele Schwierigkeiten es auf diesem Weg bis zum funktionsfähigen Flugapparat gab, wie viele Experimente fehlschlugen? Lilienthal ließ sich nicht entmutigen. Genauso wenig wie Edison, der einmal sagte: „Im Unterschied zu anderen Forschern höre ich nicht auf, bevor ich erreicht habe, was ich will!“

Forscher brauchen viel Ausdauer, um zu guten Ergebnissen zu kommen

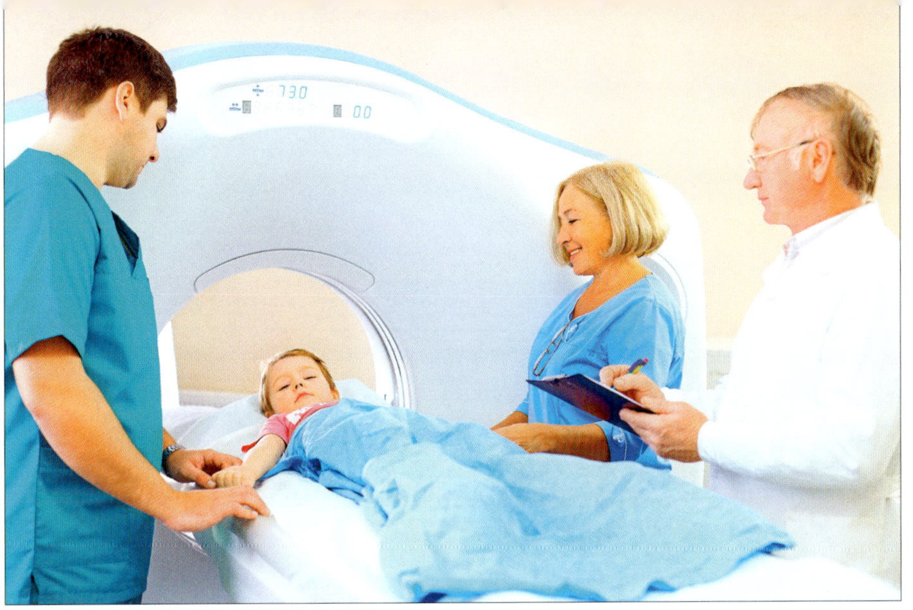

Fachleute vieler Disziplinen arbeiteten zusammen, um den Computertomografen zu entwickeln

Nicht im stillen Kämmerlein

Ist die Zeit der großen Einzelerfinder vorbei? Der Stand der wissenschaftlichen Erkenntnisse ist heute sehr hoch, und die aktuellen Probleme sind vielfältig und kompliziert. Darum braucht es meist ein ganzes Team von Erfindern, um sie zu lösen.

Etwa drei Viertel aller Erfindungen sind auf diesem Wege entstanden. Man nennt solche Arbeitsgemeinschaften von Erfindern „interdisziplinär zusammengesetzt", weil in ihnen Fachleute verschiedener Disziplinen zusammenwirken, beispielsweise Elektroniker, Maschinenbauer, Chemiker und Mediziner. Es hat sich gezeigt, dass gerade dort, wo die eine Fachdisziplin an andere angrenzt, bedeutende Erfindungen entstehen können. Ein Beispiel dafür ist die Entwicklung des Computertomografen, eines leistungsfähigen Röntgengeräts, das an Computer angeschlossen ist, die seine Bilder auswerten. Der Computertomograf erfasst Informationen über beliebige Körperquerschnitte, speichert sie und macht sie sichtbar. Er ist heute ein wichtiger Apparat in der Medizin.

Wer im Team arbeitet, kann Großes erreichen!

Vom gewölbten Flügel des Storches ...

Mit Plan und nach System

Als es Otto Lilienthal 1891 gelang, sich mit seinem selbst gebauten Gleitflugzeug in die Lüfte zu erheben, lagen Jahre harter, angestrengter Arbeit hinter ihm. Er war dabei in ganz bestimmten Schritten vorgegangen, die ihn folgerichtig zur Lösung des Flugproblems führten.

So legte er zunächst als Ziel fest, dass er mit einem Apparat fliegen wollte. Dann suchte er Vorbilder in der Natur und studierte deren Aufbau, in diesem Fall den Flügel des Storches. Indem er Unwesentliches wegließ und Wesentliches hervorhob, drang Otto Lilienthal dabei zum Flugprinzip vor. Er erkannte als Erster den Vorteil des gewölbten Flügels: Wenn der Vogel fliegt, erzeugt der Luftstrom unter dem gewölbten Flügel eine Auftriebskraft, die nach oben gerichtet ist, also entgegen der Schwerkraft. Dadurch wird der Vogel nach oben gedrückt. Nachdem er diese Erkenntnis in Modellen umgesetzt und erprobt hatte, setzte Otto Lilienthal sie schließlich etappenweise in eine technische Lösung um, den Gleitflugapparat.

... schaute sich Otto Lilienthal wesentliche Gesetzmäßigkeiten für die Entwicklung von Flugzeugen ab

Viele Erfinder betonen, es sei schwieriger, ein technisches Problem überhaupt richtig zu erkennen, als eine Lösung dafür zu finden. Vergleichbar ist das in gewisser Weise mit einer mathematischen Aufgabe. Hat man erst das Gegebene und das Gesuchte geordnet und den Ansatz aufgestellt, fällt die Lösung nicht mehr schwer. Die richtige Problemerkenntnis ist also der erste springende Punkt beim Erfinden.

Ein Beispiel: Am Anfang der Raumfahrt war ein wichtiges Problem der Wiedereintritt der Raumkapsel in die Erdatmosphäre. Dabei durfte die Raumkapsel durch die große Hitze, die durch Reibung entsteht, nicht verbrennen. Die Ingenieure fragten sich also, ob es ähnliche Lösungen gebe, die Reibungswärme überstehen können. Bei Meteoriten wurden sie fündig. Sie entdeckten, dass die beim Eintritt der Meteoriten in die Erdatmosphäre entstehende Reibungswärme verdampft wird. Dieser Dampf aber führt dazu, dass der Meteorit abkühlt – so ähnlich, wie wenn Du auf Deine Suppe bläst. Nun war die Lösung leichter zu finden. Sie bestand in einer speziellen Keramikoberfläche, die langsam verdampft und auf diese Weise die durch Reibung entstehende Hitze ausgleicht.

In vielem bewandert

Erfinder sind leistungsfähige Menschen. Nach einer ersten Erfindung lassen die nächsten meist nicht lange auf sich warten. Ja, oft zieht die Lösung eines Problems zugleich die eines anderen nach sich. Als Otto Lilienthal seine Patente für Flugapparate erteilt bekam, meldete er unter anderem auch eines für eine Schraubensicherung an, die er dafür brauchte. Die Vielseitigkeit des Flugpioniers spiegelt sich zudem in solchen technischen Neuheiten wie dem Hochdruckkessel, der Schrämmaschine für den Bergbau, der Kleindampfmaschine und dem Dampfstrahlrad.

Thomas Edison ist nicht nur durch die Entwicklung einer funktionsfähigen Glühlampe oder des Phonographen bekannt, eines Vorläufers des Schallplattenspielers, sondern auch durch die Schmelzsicherung, eine leistungsfähige Batterie, das Kohlekörnermikrofon für das Telefon, den Buchstabentelegrafen, den Portlandzement und sogar ein Verfahren zur Herstellung von Betonfertighäusern.

Thomas Edison war einer der vielseitigsten Erfinder überhaupt

Luftgefüllte Reifen sind heute selbstverständlich. Auf die Idee dazu musste aber erst einmal jemand kommen!

Nicht so laut!

Eine Anekdote besagt, John Dunlop habe sich über das laute Rattern der Metallreifen des Dreirads seines kleinen Sohns geärgert. Als er überlegte, wie er diesem Krach ein Ende machen könne, sei ihm dann die Idee mit den luftgefüllten Gummireifen gekommen.

Wie Vergangenheit und Gegenwart zeigen, haben Erfinder einen weiten Horizont, denken über ihr Fach hinaus. Viele Erfindungen entstanden daher nicht auf dem jeweiligen Spezialgebiet des Erfinders, sondern auf einem „Nebengleis". So erfand der Tierarzt John B. Dunlop (1840 bis 1921) luftgefüllte Reifen für Fahrzeuge und der Künstler Samuel F. Morse (1791 bis 1872) den Telegrafen, das bis zur Erfindung des Telefons wichtigste Gerät, um Nachrichten schnell über weite Entfernungen zu übermitteln. Eines wird dabei klar: Für einen Erfinder, überhaupt für jeden, der sich mit Technik beschäftigt, ist es von Nutzen, auch auf anderen Gebieten Kenntnisse zu besitzen.

Der Phonograph zum Abspielen von Tonaufnahmen ist nur eine der vielen Erfindungen Edisons

Erfinder suchen nach neuen technischen Möglichkeiten, um ein bestimmtes Problem zu lösen

Was den Erfinder ausmacht

Wenn Du die vorangegangenen Kapitel aufmerksam gelesen hast, sind Dir sicher die wichtigsten Eigenschaften aufgefallen, die ein Erfinder braucht. Fassen wir noch einmal zusammen:

- Erstens: Er braucht die Fähigkeit, ein technisches Problem zu erkennen, zu formulieren und schließlich zu lösen.
- Zweitens: Er muss Vorhandenes in Frage stellen, darf sich mit Erreichtem nicht zufriedengeben, sondern muss nach neuen technischen Lösungen suchen.
- Drittens: Er muss bestimmte Vorgehensweisen und Methoden nutzen, um schnell, sicher und zielgerichtet zu originellen Ideen zu gelangen
- Viertens: Er braucht Mut, das eigene Wissen anzuwenden, den Willen, vieles besser zu machen, Ausdauer, Leidenschaft, kreative Neugier und nicht zuletzt Spaß am Denken, Experimentieren und Ausprobieren. Dabei gilt: Niemals „nie“ sagen! Denn hielten Erfinder von vornherein alles für unmöglich, gäbe es keinen Fortschritt und keine neuen technischen Lösungen.

So jung!

Manfred Baron von Ardenne war gerade 23 Jahre alt, als ihm die bahnbrechende Erfindung des elektronischen Fernsehens gelang. Die Geschichte der Technik kennt eine große Zahl von Erfindern unter 30 Jahren. Es ist längst kein Geheimnis mehr, dass eben jene Jahre unter 30 mit zu den kreativsten im Leben eines Menschen zählen.

Alles schon erfunden?

Fast könnte man meinen, es sei schon alles erfunden. Raketen, Radar, Flugzeug, Auto, Moped, Waschmaschine, Werkzeugmaschinen, MP3-Player, Herzschrittmacher und so unendlich vieles mehr. Technik um und in uns. „Es gibt nichts, was es nicht schon gibt", sagt man. Von Fachleuten hört man in diesem Zusammenhang häufig, ihre Erfindung sei ausgereift und damit gebe es auf dem betreffenden Gebiet nun tatsächlich nichts Neues mehr zu erfinden. Aber dem ist natürlich nicht so! Jährlich treiben etwa 600 000 Erfindungen auf den verschiedensten Gebieten die technische Entwicklung auf unserem Erdball stürmisch voran. Nichts ist schließlich so gut, dass man es nicht noch besser machen könnte – und vieles ist eben auch doch noch überhaupt nicht erfunden.

Wer hat's erfunden?

Es gibt so viele geniale Erfindungen, die wir teilweise jeden Tag benutzen, von der Jeans-Hose über das Telefon bis hin zum Kühlschrank. Einige besonders spannende Erfindungen hat Dir die schlaue Eule Xabi zusammengestellt und verrät Dir, wer sie entwickelt hat und wann. Wenn Du also wissen möchtest, wem wir Auto, Lego, Playmobil, Knetmasse, Dosenöffner, Tischfußball oder Basketball und noch vieles, vieles mehr zu verdanken haben, dann benutze diesen QR-Code, um damit zu Xabis Liste zu gelangen.

Kaum eine andere Erfindung hat unseren Alltag so verändert wie das Smartphone

Bei den Metallträgern dieser Überdachung wurde viel Material eingespart

Methoden und Gesetze

Mit Ärger und Unzufriedenheit über eine nicht optimal arbeitende Maschine oder einen Ablauf, der schlecht funktioniert – damit fängt für viele Erfinder alles an. Aber wie geht es weiter? Ärger allein löst noch kein Problem. Bevor man an die Arbeit geht, um das Problem zu lösen, muss man sich erst einmal orientieren. Wohin geht die technische Entwicklung auf dem betreffenden Gebiet? Welche allgemeinen Entwicklungsrichtungen der Technik müssen bei der Weiterentwicklung oder der Neuentwicklung berücksichtigt werden? Welche Methoden geben Orientierung für das Erfinden?

Man muss sich also über die Entwicklung und Gesetzmäßigkeiten der technischen Entwicklung informieren, über einzelne Etappen und nicht zuletzt die Methoden selbst.

Wenn wir betrachten, in welche Richtung allgemein die Entwicklung der Technik heute läuft, fällt Folgendes auf:

- Weniger Material

Mindestens die Hälfte aller technischen Erzeugnisse ist gegenwärtig noch zu schwer. Das bedeutet auch: Viel zu viel Material ist für die Herstellung nötig. Die Natur macht es uns auch hier vor: Ihre Leichtbaukonstruktionen geben Anregung, wie mit geringem Materialeinsatz zu erreichen ist, dass etwas extrem stabil ist und zuverlässig funktioniert.

Tortellini fallen vom Fließband in ihre Verpackung. Das spart Energie.

• Weniger Energie

Sparsamer Umgang mit Energie ist auch bei der Entwicklung technischer Erzeugnisse nötig. So kamen früher beim Verpacken von Schlauchbeuteln für Bonbons, Kaffee oder Gebäck Stapelroboter zum Einsatz, die relativ viel Energie verbrauchten. Die Roboter mussten nämlich die Produkte greifen und in Kisten ordnen. Jetzt nehmen die Beutel in einer extra gebauten Vorrichtung durch den „freien Fall“ von selbst die gewünschte Lage in der Versandschachtel ein. Der Clou dabei: die Nutzung natürlicher Energie, in diesem Fall der Schwerkraft.

• Integrative Funktionserfüllung

Das klingt kompliziert, ist aber einfach zu erklären: Erfinder versuchen heute, mehrere Bauelemente gleicher oder ähnlicher Funktion zu einem einzigen Bauelement zu vereinigen, das alle Funktionen erfüllt. Mit anderen Worten: Es geht darum, komplizierte Erfindungen einfacher zu gestalten. Auch auf diesem Wege gelingt es, die Zuverlässigkeit zu erhöhen und den Materialaufwand zu senken. Ein Beispiel dafür ist das Schloss, mit dem früher Schulranzen oder Aktenmappen gesichert wurden: Es bestand aus bis zu sechs Teilen. Die aktuellen Klickverschlüsse dagegen kommen mit nur zwei Teilen aus.

Für die heutigen Klickverschlüsse sind nur zwei Bauteile nötig

Entwicklungsetappen

Jedes technische Gebilde durchläuft vier charakteristische Entwicklungsetappen. Der Erfinder muss erkennen, in welcher dieser Etappen sich das technische System gerade befindet, das er verbessern möchte. Nur so kann er es weiterentwickeln und in die nächste Etappe bringen, auf das nächsthöhere Level sozusagen.

Ein gespannter Zuschauer beobachtet, wie Wilbur Wright im September 1909 zu einem Flug abhebt

An der Entwicklung des Flugzeugs möchte ich Dir das näher erklären:

1. Entstehungsetappe

Zunächst entstehen mehrere unterschiedliche technische Gebilde (Flugzeuge), die die gewünschte Funktion erfüllen, in diesem Fall das Fliegen. Sie weisen allerdings noch erhebliche Mängel auf. Das betrifft beispielsweise Stabilität, Flugverhalten oder Steuerung. Trotz dieser Mängel aber funktionieren sie im Prinzip. Ergebnis dieser Etappe ist also der Grundaufbau des technischen Systems.

2. Optimierungsetappe

Die Flugzeuge werden schrittweise optimiert, das heißt verbessert. Es geht hier hauptsächlich darum, technische Mängel zu beseitigen. Der beziehungsweise die Erfinder entwickeln das Flugzeug so weit, dass die Funktion „Fliegen" optimal erfüllt wird. Ergebnis dieser Etappe ist das Flugzeug in Stromliniengestalt mit optimal angeordneten Tragflächen.

Die Douglas DC3 wurde erstmals 1935 eingesetzt. Sie ist aber schon so weit optimiert, dass sie beispielsweise in Kolumbien heute noch verwendet wird.

Stromlinienform

Als stromlinienförmig bezeichnen wir Körper oder Gegenstände, die einen sehr geringen Strömungswiderstand aufweisen. Sie besitzen Tropfen- oder Spindelgestalt, wie sie bei Meeressäugern, Fischen, Pinguinen und Vögeln zu sehen ist. Dadurch können diese Tiere sich mit geringem Energieaufwand fortbewegen. Menschliche Technik ahmt dies nach: Darum versuchen Erfinder, Flugzeuge, Autos oder Schiffe möglichst stromlinienförmig zu entwerfen.

3. Dynamisierungsetappe

Das technische Gebilde Flugzeug wird in dieser Etappe so weit entwickelt, dass es sich unterschiedlichen Flugphasen anpassen kann. Es vermag dann zum Beispiel sehr schnell zu fliegen, bis zu mehrfacher Überschallgeschwindigkeit, aber auch ganz langsam, wie es für die Landung nötig ist. Dafür wurden die verstellbaren, also die dynamisierten Tragflächen, Schwenkflügel sowie die schwenkbare Rumpfspitze entwickelt. Ergebnis ist demzufolge ein Flugzeug, das sich den verschiedenen Anforderungen anpassen kann.

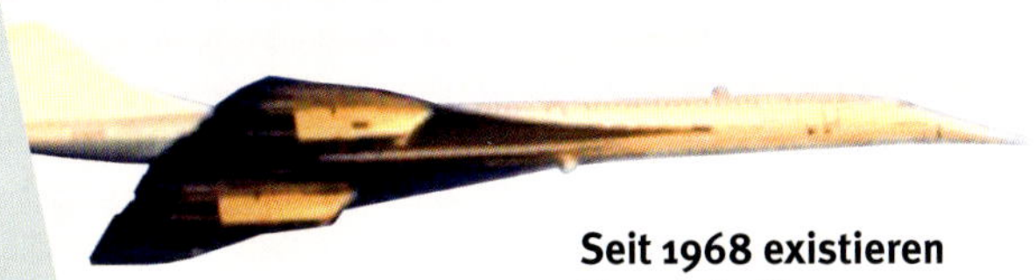

Seit 1968 existieren Passagierflugzeuge, die Überschallgeschwindigkeit erreichen können

Das Wissen aus dem Bau von Flugzeugen half dabei, Raumfähren zu konstruieren

System

Ein System besteht aus mehreren verschiedenen Teilen, den Untersystemen, oder Elementen, die einen bestimmten geordneten Aufbau bilden. Es ist Bestandteil eines komplexeren Obersystems. Beispiele: Das System Automobil besteht aus Untersystemen wie Fahrwerk, Motor und so weiter, die wiederum aus einzelnen Elementen bestehen. Es ist Bestandteil des übergeordneten Transportsystems. Das System Baum besteht aus Untersystemen wie Wurzeln, Stamm, Blättern und so weiter, die wiederum aus einzelnen Elementen bestehen. Er ist Bestandteil des Obersystems Wald.

4. Integrationsetappe

Wenn das technische Gebilde sehr stark ausgereift ist, wird es in ein übergeordnetes System übernommen beziehungsweise einbezogen: Das Flugzeug wird Bestandteil des Raumfahrtsystems, in Form der Raumfähren wie dem Space Shuttle.

Fische erreichen mit ihrem Schwanzflossenantrieb aus der Ruhelage heraus rasch die Höchstgeschwindigkeit und können auch abrupt anhalten

Die technische Entwicklung verläuft zudem stets nach bestimmten Gesetzmäßigkeiten. Zwei davon stelle ich Dir nun vor:

- **Gesetz der Ungleichmäßigkeit der Entwicklung eines Systems**

Bei jedem technischen Gebilde verläuft die Entwicklung der Teile ungleichmäßig. Je komplizierter das technische System, desto unterschiedlicher ausgereift sind seine Teile. Um das System weiterzuentwickeln und zu verbessern, muss man daher zunächst herausfinden, welches seiner Teile am schlechtesten entwickelt ist, also Mängel und Defekte aufweist. Dafür gilt es dann, neue Lösungsmöglichkeiten aufzudecken.

Ein Beispiel dafür: Die Antriebsleistung der großen Frachtschiffe hat sich ständig erhöht. Das Abbremsen dagegen ist bis heute ein Problem: Erst nach mehreren Seemeilen steht das Schiff still. Vielleicht muss hier ein anderes Prinzip der Fortbewegung her? Statt Schiffsschraube eine Art „Schwanzflossenantrieb“, ähnlich dem der Fische? Sie können aus der Ruhelage heraus schlagartig ihre Höchstgeschwindigkeit erreichen und ohne „Bremsweg“ sofort anhalten.

Ein großes Containerschiff steht selbst bei Vollbremsung erst nach mehreren Seemeilen still

- Gesetz der Vereinfachung technischer Systeme

Die technische Entwicklung verläuft in Richtung ständiger Vereinfachung. Kompliziert aufgebaute und mit vielen Teilen ausgestattete Erzeugnisse werden durch einfache abgelöst. Die bestehen dann aus weniger Teilen und funktionieren trotzdem perfekt. Beispiele: Früher hatten Metallzirkel komplizierte Gelenke. Jetzt werden sie zunehmend durch einfache Gelenke aus Kunststoff ersetzt. Dadurch können Teile und damit Material eingespart werden.

Wer also etwas erfinden will, muss diese Gesetzmäßigkeiten und Entwicklungstrends kennen und zielgerichtet ausnutzen. Denn sie gelten für praktisch jedes technische Gebilde. Mach doch einmal die Probe aufs Exempel – in der Arbeitsgemeinschaft, beim Basteln, bei der Arbeit im Haushalt. Prüfe, inwieweit die genannten Entwicklungsrichtungen und Gesetzmäßigkeiten bei Maschinen, Geräten und Anlagen bereits wirksam sind. Das gilt auch für Fahrrad, Staubsauger, andere Haushaltsgeräte und viele weitere technische Produkte.

Grundsätzlich ist zu fragen: Was ist an einer Maschine, Anlage oder Vorrichtung nicht in Ordnung? Was ließe sich verbessern? Fragen zu stellen ist der Anfang jeder Neuentwicklung!

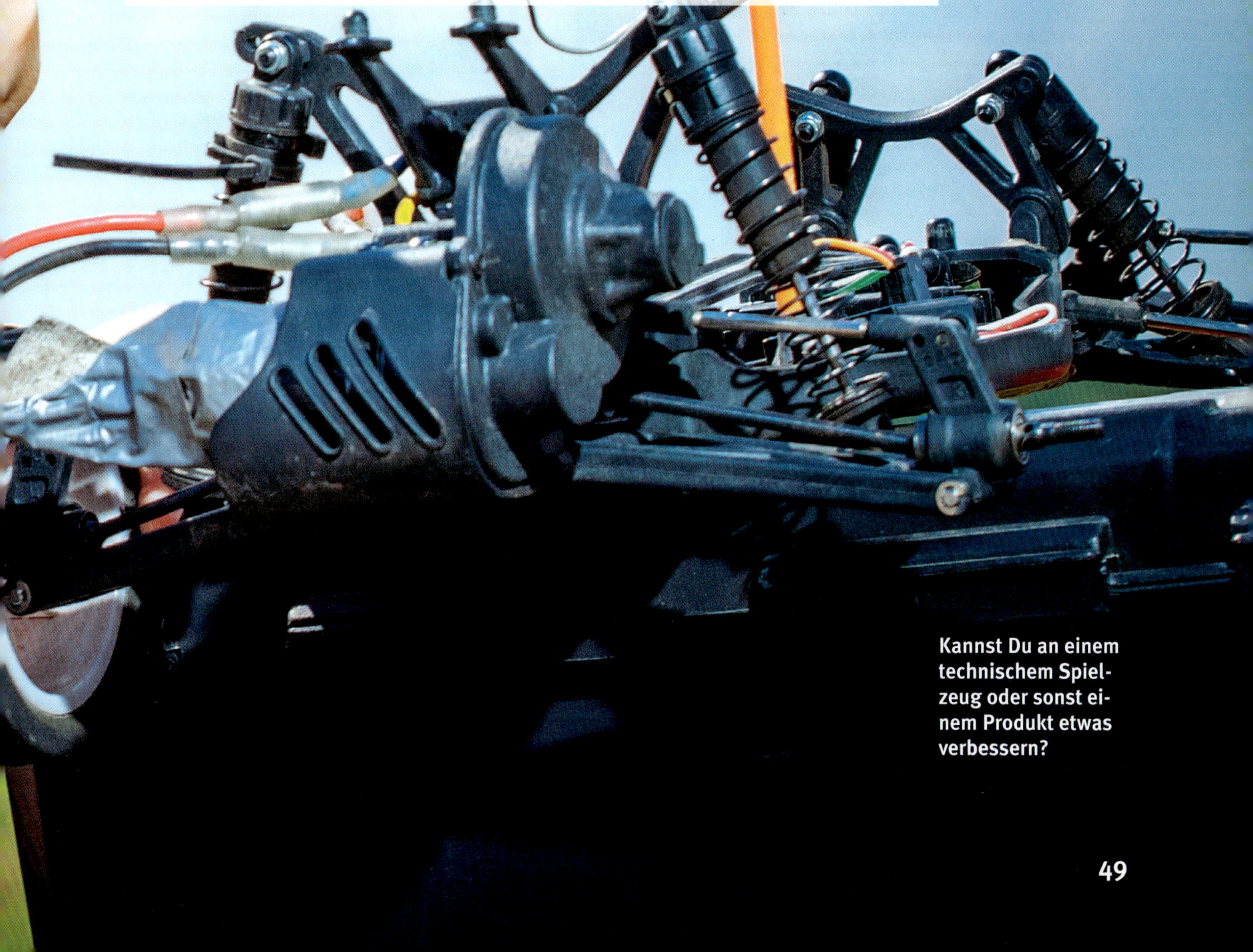

Kannst Du an einem technischem Spielzeug oder sonst einem Produkt etwas verbessern?

Wer Sachbücher liest, eignet sich Wissen an; und Wissen hilft dabei, Probleme lösen zu können

Erfinden lernen

Erfinden kannst Du lernen. Was nichts anderes heißt, als planmäßig und systematisch technische Probleme zu erkennen und zu lösen. Je mehr Du Dich in ein Problem hineindenkst, probierst und experimentierst, umso eher kommt etwas Brauchbares dabei heraus. Manchmal genügt eine scheinbar zufällige Beobachtung, um den richtigen Anstoß zu geben – aber nur dann, wenn sie auf einen vorbereiteten Geist trifft, der sich davon anregen lässt. Zudem benötigst Du entsprechende Kenntnisse aus dem Unterricht und dem jeweiligen Interessensgebiet. Je mehr, desto besser. Und am besten, wenn ständig neues Wissen dazukommt. Lies also Fachbücher und Fachzeitschriften, alles, was zum Thema gehört und viel darüber hinaus. Die Voraussetzung, etwas zu entdecken oder zu erfinden, ist die Fähigkeit, ein Problem zu erkennen, zu formulieren und schließlich zu lösen. Dazu gehört gleichzeitig, Vorhandenes in Frage zu stellen und nach neuen Lösungen zu suchen.

So wie es Werkzeuge gibt, existieren auch „Denkzeuge“, nämlich Methoden

Methoden helfen beim Erfinden

Erfinder gehen zielgerichtet und systematisch vor. Beim Erfinden hilft ihnen eine bestimmte Vorgehensweise als Orientierung. Damit kommen sie erfolgreicher und schneller zu einer Lösung. Denkbarrieren und Denkhindernisse können sie überwinden, indem sie solche Methoden des Erfindens nutzen. Das ist wie bei einem Hindernislauf. Hier muss der Läufer seine Muskulatur trainieren, um erfolgreich und schnell die Hindernisse zu überwinden.

Methoden sind die „Denkzeuge“ des Erfinders. Diese „Denkzeuge“ lassen sich gedanklich in einem Methodenbaukasten ordnen, in der Reihenfolge, wie sie angewendet werden müssen. Das ist wie mit einem Werkzeugkasten. Darin sind die Werkzeuge nach Gruppen geordnet untergebracht. Die Herstellung eines technischen Gegenstandes erfordert einen vorher festgelegten, bestimmten Ablauf in einzelnen Schritten – man nennt das Herstellungstechnologie. Zu jedem Schritt gehören die entsprechenden Werkzeuge. Indem man diese Schritte einhält, gelangt man sicher zum Ergebnis.

Und so ist es auch beim Erfinden. Erfinden ist ein Vorgang, bei dem man meist technische Probleme löst. Ähnlich einem Fahrplan, der planmäßig vom technischen Problem zur Lösung führt.

Dieser Leichtathlet springt über Hürden, Erfinder überwinden Denk-Hindernisse

Der spektakuläre Versuch mit den Magdeburger Halbkugeln zeigte, welch enorme Kraft der Luftdruck entwickelt

Erfinder verfolgen die Entwicklung der Technik

Im Jahr 1786 erfand James Watt (1736 bis 1819) die doppelt wirkende Dampfmaschine – allerdings nicht „einfach so“, sondern er konnte hierfür auf den Erkenntnissen und Erfahrungen anderer aufbauen. Zudem besaß er das mehr oder weniger seltene Talent, die Mängel an der bestehenden Technik aufzudecken, darin verborgene Widersprüche zu erkennen und sie zielgerichtet durch originelle Ideen zu lösen.

So gelang James Watt, was im Lauf von 2 000 Jahren viele vor ihm immer wieder vergeblich versucht hatten: die Kraft des Dampfes technisch sehr effektiv nutzbar zu machen. Es ist aber kein Wunder, dass die Menschen es früher nicht geschafft hatten, denn sie kannten die Wärmegesetze nicht, konnten sie auch noch gar nicht kennen. Deshalb kamen ihre Bemühungen über Entwürfe und technische Spielereien nicht hinaus.

Der altgriechische Mechaniker Heron von Alexandria (etwa 70 bis 10 vor Christus) beispielsweise brachte mit Dampfkraft eine Kugel zum Rotieren. Auch Tempeltüren ließen sich damit öffnen. Technische Verwendung fand die Dampfkraft damals aber nicht, denn Sklaven waren billiger und viel leichter zu „handhaben“.

Das Universalgenie Leonardo da Vinci wartete bereits mit Entwürfen von Kolben und Zylindern für die Nutzung der Dampfkraft auf. Sein Gedankengang: Der Wasserdampf dehnt sich aus und entwickelt dabei Kraft. Diese muss man so ausnutzen, dass sie Arbeit verrichtet. Doch das war erst die halbe Wahrheit. Was Leonardo da Vinci nach dem Erkenntnisstand seiner Zeit nicht wissen konnte: Erst Dampf und Luftdruck zusammen treiben eine Dampfmaschine an.

Otto von Guerickes Erkenntnisse vom luftleeren Raum brachten die Sache weiter ins Rollen, vor allem der spektakuläre Versuch mit den „Magdeburger Halbkugeln“. Er zeigte, welch enorme Kräfte der Luftdruck entwickelt. Guericke hatte zwei metallene Halbkugeln fertigen lassen. Er presste sie aufeinander, wobei die Ränder durch Lederlappen abgedichtet wurden, die mit Wachs und Terpentin getränkt waren. Dann pumpte er sie luftleer – dadurch wirkte der Luftdruck nur noch von außen auf die Halbkugeln. 16 Pferde konnten die zusammengesetzten Hälften nicht auseinanderreißen!

Mit seinen „Neuen Magdeburgischen Versuchen“ ging der vielseitige Bürgermeister Guericke noch einen Schritt weiter. Sie verdeutlichten aller Welt: Pumpt man einen geschlossenen Zylinderraum luftleer, wird ein passend großer Kolben vom umgebenden Luftdruck unweigerlich hineingedrückt. Der sich auf diese Weise bewegende Kolben ist in der Lage, große Lasten zu heben.

An vielen Schulen gibt es einen Nachbau der Magdeburger Halbkugeln. Damit kann der Physiklehrer zeigen, welche Kraft der Luftdruck entwickelt.

Mit Druck arbeitet der von Denis Papin entwickelte Schnellkochtopf

Großer Druck dahinter

Diese geheimnisvolle Kraft „aus dem Nichts", dem luftleer gepumpten Raum, also dem sogenannten Vakuum, beflügelte die Fantasie weiterer Erfinder, die nach einer neuen Kraftmaschine suchten. Christian Huygens (1629 bis 1695) konstruierte 1673 für den Sonnenkönig Ludwig XIV. eine Schießpulvermaschine, die im Prinzip auf einer Erfindung Leonardo da Vincis aufbaute. Sie sollte im Park von Versailles Wasserfontänen sprühen lassen.

„Um etwas Neues zu entwickeln, muss man das Alte kennen und darauf aufbauen", sagte sich auch Denis Papin (1647 bis 1712). Er vollzog den Sprung von der Schießpulvermaschine zur direkt wirkenden Dampfpumpe. Der Franzose ersann eine besondere Vorrichtung. Darin wurde in einem Zylinder Wasser erhitzt. Der dadurch erzeugte Dampf drückte einen Kolben nach oben. Dem ideenreichen Denis Papin haben wir im Übrigen auch den Schnellkochtopf zu verdanken. Der englische Schmied Thomas Newcomen (1664 bis 1729) war es, der 1711 die atmosphärische Kolben-Dampfmaschine entwickelte, um Wasser abzupumpen, das in Bergwerksstollen eindrang. Obwohl das 20 Meter hohe Ungetüm im Lauf der Zeit verbessert wurde, behielt es entscheidende Nachteile: Es war sehr schwer, verbrauchte ungeheuer viel Kohle und Wärme, außerdem lief die Maschine viel zu langsam. Spötter äußerten, ein Eisenberg sei nötig, um sie zu bauen, und ein Kohlebergwerk, um sie zu betreiben.

Mehr als ein glücklicher Zufall

Durch Zufall gedieh die Entwicklung dieser Maschine weiter. Ein Professor für Naturphilosophie der Universität Glasgow sorgte ungewollt dafür, als er im Jahr 1764 ein Modell der Newcomen-Dampfmaschine zur Reparatur in die Universitätswerkstatt brachte. Es geriet dort in sozusagen goldene Hände – eben die des Feinmechanikers James Watt, der damals gerade 28 Jahre alt war.

So sah Newcomens Dampfmaschine aus

Auch Kinder können Erfinder sein

Nicht nur die „Großen" können Erfinder sein – auch clevere Kinder kommen durchaus auf geniale Ideen. Bei den Dampfmaschinen, die Newcomen entwickelt hatte, mussten zum Einlassen des Dampfes und zum Einspritzen des Kühlwassers von Hand Ventile geöffnet werden. Für diese Aufgabe wurden damals Jungen an die Maschine gestellt. Einem davon namens Humphrey Potter wurde das ewige Öffnen und Schließen der Hähne aber wohl zu langweilig. Er wollte lieber mit den anderen Jungen spielen. Also verband er geschickt den auf- und niedergehenden Balancierbalken mit Schnüren, sodass sich die Ventile zum richtigen Zeitpunkt automatisch öffnen. Dadurch hatte er die selbsttätige Steuerung erfunden. Manchmal ist es eben die reine Bequemlichkeit, die Menschen zu Erfindern werden lässt.

Er reparierte das gute Stück, bemerkte aber, wie wenig effektiv es arbeitete. Die Maschine verbrauchte zu viel Kohle und Wärme, erbrachte gemessen daran jedoch viel zu wenig Leistung, denn der größte Teil der im Dampf gespeicherten Wärmeenergie ging verloren. Außerdem beanspruchte sie viel Platz.

Watt wollte diese Maschine gerne verbessern. Er wälzte Bücher und erlernte eigens die deutsche Sprache, um auch Veröffentlichungen auf Deutsch lesen zu können. Auf diese Weise machte er sich kundig über den atmosphärischen Luftdruck und alles, was seinem Vorhaben dienlich war: der Entwicklung einer leistungsfähigen und wirtschaftlich arbeitenden Antriebsmaschine.

James Watt fand heraus, dass der Zylinder der Newcomen-Maschine beim Dampfeintritt so heiß wie möglich und bei der Kondensation des Dampfes, also beim Niederschlag der Feuchtigkeit, so kalt wie möglich sein sollte. Folglich musste der Zylinder zwei Bedingungen gleichzeitig erfüllen, die einander im Grunde ausschlossen. Er musste zugleich heiß und kalt sein. Watt sah diesen Widerspruch klar, wusste aber zunächst keinen Ausweg. Wo er ging und stand, grübelte er darüber nach. Auf einem Spaziergang lief er beinahe an der Lösung vorbei – einem Haus und wenig später an einem Brunnen. Watt übertrug in Gedanken die räumliche Trennung Haus/Brunnen auf das technische Problem Zylinder- und Kondensationsgefäß. So löste er schließlich den Widerspruch, indem er den Prozess in seine Bestandteile spaltete: Die Arbeitsleistung des Dampfes und seine Kondensation wurden nicht mehr einem einzigen, sondern zwei Gefäßen zugeordnet. Hier wandte Watt unbewusst eine Problemlösungsmethode an: die Analogie- oder Ähnlichkeitsmethode. Der Erfinder spürt dabei Ähnlichkeiten in Natur und Technik auf und nutzt sie für die Problemlösung. Watt ordnete den Kondensator also getrennt an. Das war seine Erfindung. Ergebnis: geringerer Wärmeverlust, Einsparung von Brennstoffen, Erhöhung des Wirkungsgrades, also der Effektivität der Maschine.

James Watt verbesserte die Dampfmaschine entscheidend

Kinder als Ideenlieferant

Die Bäckerei „Frisbie Pie Company“ verkaufte in den 1940er-Jahren in den USA Torten in runden Kuchenformen. Kinder begannen damit, sich die leeren Formen zuzuwerfen. Das brachte Walter Frederick Morrison auf die Idee, nach diesem Vorbild ein Spielzeug zu entwerfen. Zuerst verstärkte er die Formen mit Metallringen, 1948 hatte er dann eine erste Scheibe aus Kunststoff fertig. Ab 1957 ließ er diese Scheiben massenhaft herstellen: die Frisbee-Scheibe war geboren!

Der richtige Dreh

Für den Antrieb von Spinnmaschinen und Walzwerken brauchte man eine Maschine mit rotierendem Antrieb. Die Auf- und Abwärtsbewegung der Hubmaschine musste also in eine drehende Bewegung umgewandelt werden.

Watt machte sich an die Arbeit. Er entwickelte ein auf William Murdoch zurückgehendes Getriebe weiter, das dieser für die Darstellung der Bewegungen unserer Planeten um die Sonne erfunden hatte. Die Weiterentwicklung konnte nun dafür eingesetzt werden, Hubbewegung in rotierende Bewegung umzusetzen. Watt schuf so eine universell einsetzbare Antriebsmaschine, die den Anforderungen im Bergbau, im Hüttenwesen bei der Verarbeitung von Metall, in der Textilindustrie und im Verkehrs- und Transportwesen gerecht wurde.

Watts Maschine – ohne sie wäre die industrielle Revolution in England nicht denkbar gewesen. Erst sie ermöglichte in vielen Bereichen, von Handarbeit auf mechanische Maschinenarbeit umzustellen. „Man bestellt bei Watt Erfindungen wie beim Schneider einen Rock!", äußerten sich Zeitgenossen bewundernd über den Mann mit dem praktischen Verstand.

Erfinder decken Widersprüche auf

Was ist ein Ideal? In der Technik zum Beispiel eine Maschine, die ihre Funktion absolut optimal erfüllt. Das ist in der Realität ein Traum, aber als Wegweiser für den Erfinder durchaus von praktischem Nutzen. Schließlich soll seine Lösung so wenig Material und Energie wie möglich verbrauchen, zugleich sehr gut funktionieren und natürlich stabil sein. Der Erfinder kann das Ideal nie erreichen, sich ihm aber immer mehr nähern.

Einfalt und Einbildungskraft brachten den Kaiser im Märchen von Andersen dazu, die „unsichtbaren" wertvollen Gewänder, die ihm zwei falsche Weber andrehten, für bare Wirklichkeit zu nehmen. Ein durchaus verführerischer Gedanke: Kleidung, leicht wie Spinnengewebe, kaum spürbar auf der Haut, wärmend und schützend, doch nicht schweißtreibend. Im Tausch gegen Parka und Pullover, Schal, Mütze, Hose und Rock. Denn unsere Kleidungsstoffe sind bei weitem nicht ideal.

Ähnlich verhält es sich im Reich der Technik. Dort fehlt es an „Werkstoffen nach Maß", also idealen Werkstoffen. Sie zeichnen sich aus durch eben solche Eigenschaften, die dem jeweiligen Verwendungszweck am besten entsprechen.

Mal abgesehen davon, dass im Märchen die ganze Sache auf Betrug hinausläuft – es ist was dran an dem Gedanken, mit „nichts" beziehungsweise „fast nichts" viel zu erreichen. Aufgabenstellungen für Erfinder müssen das eigentlich widerspiegeln. Dagegen fordern viele häufig auf: „Es ist eine Vorrichtung zu entwickeln ..." Aber oft ist das gar nicht nötig. Beim Erfinden besteht die größte Kunst nämlich darin, das verlangte Ergebnis „fast ohne etwas" zu erzielen. Die ideale Lösung ist dann da, wenn überhaupt keine Vorrichtung nötig ist, also ein Ergebnis erzielt wird, als wäre eine Vorrichtung vorhanden.

Deshalb: Bevor sich ein Erfinder über ein technisches Problem den Kopf zerbricht, sollte er erst einmal fragen: Ist das Problem überhaupt richtig formuliert, ist also die Aufgabe richtig gestellt? Zielt es tatsächlich in Richtung Idealzustand oder führt es in eine Sackgasse? Aber auch, wenn man weiß, wo in etwa der Weg am Ende hinführen müsste: Eben diesen Weg dahin muss sich jeder Erfinder selbst bahnen. Er tut es, indem er technische Widersprüche löst. Die liegen allerdings meist versteckt. Der Erfinder muss sich also fragen: Woran liegt es, dass der Idealzustand nicht erreicht werden kann? Was hindert daran? Was lässt sich verbessern?

Ziemlich lästig, sich im Winter so dick einpacken zu müssen. Erfinder arbeiten deshalb an dünner Funktionskleidung.

Unzertrennlich, doch uneins

Widersprüche drücken immer einen Gegensatz aus, beispielsweise heiß und kalt, groß und klein, dick und dünn. Will man die Leistung einer Maschine erhöhen, verschlechtern sich damit zugleich oft andere Eigenschaften, in diesem Fall die Masse, also das Gewicht: Die Maschine wird schwerer. Ideal wäre eine Maschine, die mit erhöhter Leistung arbeitet, aber nicht vorhanden ist – aber das geht natürlich nicht. Dem Idealzustand steht also die Masse der Maschine im Weg.

Hier offenbart sich der technische Widerspruch: Einerseits muss die Masse der Maschine groß sein, damit die Leistung groß ist. Andererseits muss die Masse gering sein, damit der Materialaufwand trotz erhöhter Leistung nicht steigt.

Auf ein ähnliches Dilemma stieß auch Manfred von Ardenne bei seinen Überlegungen und Experimenten zum Fernsehen. Damals wurde das Bild noch mechanisch zerlegt, zeilenweise durch die so genannte Nipkowscheibe, benannt nach ihrem Erfinder Paul Nipkow (1860 bis 1940). Sie war kreisrund, darauf waren spiralförmig Löcher angeordnet. Dadurch war das Bildraster sehr grob und die Bildschärfe gering. Nach der Logik der Dinge hätte man also mehr Bildpunkte gebraucht, um ein schärferes Bild zu erhalten. Das ging und ging wiederum doch nicht, denn es wäre zu Lasten der Bildhelligkeit gegangen. In diesem Fall hätten nämlich die Löcher kleiner sein müssen, damit genügend drauf passen. Die Folge einer solchen Verminderung jedoch: ein lichtschwächeres, dunkleres Bild.

Mit anderen Worten: Die Nipkowscheibe war hinsichtlich Größe und Anzahl der Bildpunkte optimiert. Man konnte es drehen und wenden, wie man wollte: In dieser Art und Weise ging es nicht besser. Das Fernsehsystem mit der mechanischen Bildzerlegung hatte seine Leistungsgrenze erreicht. Der spiralförmig gelochten Scheibe haftete ein technischer Widerspruch an, der sich mit herkömmlichen Mitteln nicht lösen ließ. Ardenne erkannte das. Indem er das alte Prinzip verließ und den lichtstarken Elektronenstrahl zur Bildübertragung einsetzte, löste er den Widerspruch beziehungsweise er umging ihn. Er erfand also ein völlig neues Prinzip. Und so geht es immer weiter – die technische Entwicklung ist niemals zu Ende.

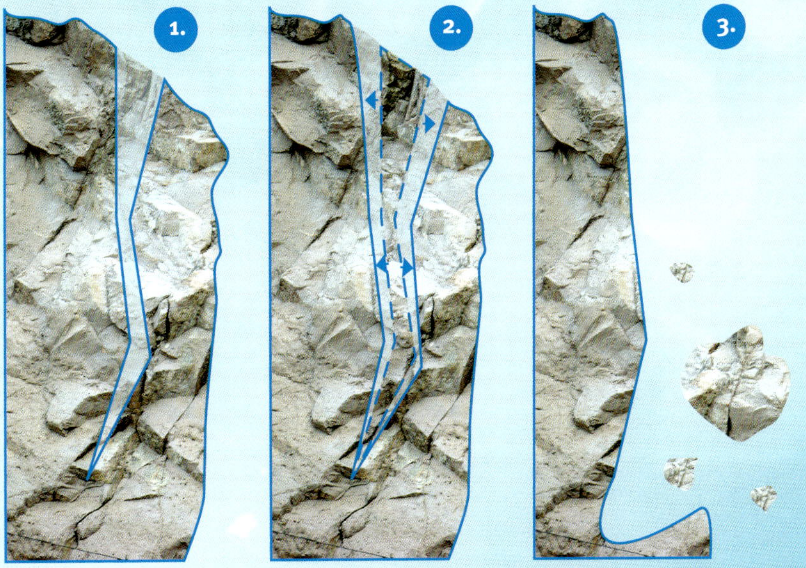

Sprengen von Gestein mit wenig Aufwand:
1. Im Winter Wasser in Spalten laufen lassen
2. Das Wasser dehnt sich beim Gefrieren aus ...
3. ... und sprengt den Felsen

Was in der Technik heute noch gut und richtig ist, kann morgen schon null und nichtig sein, überholt von der Zeit und den Umständen. Altes wird über Bord geworfen, Neues tritt an seine Stelle. Es besteht daher ein Zusammenhang zwischen Altem und Neuem. Praktisch heißt das: Das Alte wird überwunden, indem Neues entsteht.

So wurde die Nipkowscheibe mit der mechanischen Bildzerlegung aufgegeben. Ardenne nutzte eben an ihrer Stelle den Elektronenstrahl. Er gelangte zu dieser Erfindung, weil er die alte Lösung kannte. Um etwas Neues zu erfinden, muss man immer vom gegenwärtigen Stand der Technik ausgehen.

Heute sind Flachbildschirme der aktuelle Stand. Vielleicht sind es morgen nur noch Folien? Oder wir schauen auf ganz andere Weise fern?

Großes Erfinder-Quiz

Nun kennst Du die großen Erfindungen und ihre Erfinder. Du hast auch erfahren, wie man erfinden kann und welche Methoden dabei zu nutzen sind. Nun kannst Du Dein Wissen testen. Kreuze mit einem Bleistift die richtige Antwort zu jeder Frage an. Die Auflösung findest Du auf Seite 64. Also zeige, was Du vom Erfinden verstehst!

1. Wer erfand eine wirklich gut funktionierende Glühlampe?

a) Leonardo da Vinci .... ❍
b) Levi Strauss .... ❍
c) Thomas Alva Edison .... ❍

2. Auf welche Idee kam Friedrich Gottlob Keller?

a) Papier aus Lumpen herzustellen ... ❍
b) Papier zu recyceln .... ❍
c) Papier aus Holzfasern herzustellen ❍

3. Welches war eines der ersten selbst hergestellten Werkzeuge des Menschen?

a) Faustkeil .... ❍
b) Pfeil und Bogen .... ❍
c) Schnitzmesser .... ❍

4. Was steht ganz am Anfang jeder Erfindung?

a) ein Experiment .... ❍
b) ein Problem .... ❍
c) eine neue technische Lösung .... ❍

5. Wie wird die Methode genannt, mit der Lösungen aus anderen Bereichen genutzt werden?

a) Kombinationsmethode .... ❍
b) Bewertungsmethode .... ❍
c) Analogiemethode .... ❍

6. Was ist Kreativität?

a) die Fähigkeit, neue Ideen oder Erzeugnisse hervorzubringen .... ❍
b) die Fähigkeit, sehr schnell zu denken .... ❍
c) die Fähigkeit, eine Erfindung schneller zu entwickeln als andere ❍

7. Wer war mit seinen Erfindungen seiner Zeit weit voraus?

a) Joseph Swan .... ❍
b) Leonardo da Vinci .... ❍
c) James Watt .... ❍

8. Was steckt hinter der Bezeichnung LED?

a) ein Lichtstrahler .... ❍
b) ein Temperaturstrahler .... ❍
c) ein Uranstrahler .... ❍

9. Welche Beobachtung verhalf Otto Lilienthal dazu, als Erster einen funktionierenden Gleitflieger zu entwickeln?

a) Er erkannte als Erster den Vorteil des gewölbten Flügels im Luftstrom .... ❍
b) Er beobachtete, wie Vögel Energie sparen, indem sie in bestimmten Formationen fliegen .... ❍
c) Er beobachtete die Funktionsweise der Vogelfeder und übertrug sie auf seine Erfindung .... ❍

10. Welche Erfindung stammt nicht von Otto Lilienthal?

a) der Flugapparat .... ❍
b) die Schraubensicherung .... ❍
c) der Dübel .... ❍

11. Welchen Beruf übte der Erfinder des luftgefüllten Gummireifens aus, John Dunlop?

a) Apotheker .... ❍
b) Heilpraktiker .... ❍
c) Tierarzt .... ❍

12. Wer erfand den Buchdruck mit beweglichen Lettern?

a) Leonardo da Vinci ○
b) Heron von Alexandria ○
c) Johannes Gutenberg ○

13. Was hat Denis Papin erfunden?

a) das Telefon ○
b) die Dampflokomotive ○
c) den Schnellkochtopf ○

14. Was war bei der Dampfmaschine neu, die James Watt entwickelte?

a) Er entwickelte einen größeren Kolben ○
b) Er brachte sechs Zylinder an ○
c) Er brachte den Kondensator getrennt an ○

15. Was soll bei modernen Erfindungen verwendet werden?

a) weniger Material, weniger Energie ○
b) mehr Material, mehr Energie ○
c) weniger Material, mehr Energie ○

16. Was nutzte Manfred von Ardenne für die Bildzerlegung beim Fernsehen?

a) eine gelochte Scheibe ○
b) Elektronenstrahlen ○
c) feinste Glasfasern ○

17. Mit welchem Versuch zeigte Otto von Guericke, welche Kräfte der Luftdruck entwickelt?

a) mit den Dresdner Stollen ○
b) mit den Magdeburger Halbkugeln ○
c) mit der Leipziger Luftpumpe ○

18. Was erfand Humphrey Potter, als er noch ein Junge war?

a) die Buchserie Harry Potter ○
b) die selbsttätige Steuerung der Dampfmaschine ○
c) die Jeanshose ○

19. Wer brachte Walter Frederick Morrison auf die Idee, Frisbee-Scheiben herzustellen?

a) Baumfäller, die sich Holzscheiben zuwarfen ○
b) Kinder, die Steine über das Wasser hüpfen ließen ○
c) Kinder, die sich leere Tortenverpackungen zuwarfen ○

20. Was ist ein Patent?

a) ein Schutzrecht für eine Erfindung ○
b) ein Veröffentlichungsrecht für eine Erfindung ○
c) ein Verkaufsrecht für eine Erfindung ○

NTV

Entdecke die Reihe mit der Eule!

Entdecke die Menschenaffen

Entdecke die Amphibien

Entdecke die Reptilien

Entdecke die Igel

Entdecke die Käfer

Entdecke die Möwen

Entdecke die Kraniche

Entdecke die Störche

Entdecke die Spechte

Entdecke die Robben

Entdecke die Wale

Entdecke die Haie

Entdecke die Eisvögel

Entdecke die Papageien

Entdecke die Pinguine

Entdecke die Hunde

Entdecke die Esel

Entdecke die Singvögel

Entdecke die Finken

Entdecke den Amazonas-Regenwald

Entdecke die Nagetiere

Die Reihe mit der Eule:
Die bunten Bände der Kinder-Sachbuchreihe für wissensdurstige Entdecker nehmen die Fragen der Kids ernst und beantworten sie auf kindgerechte, unterhaltsame Weise, ohne die Intelligenz der Kinder zu unterschätzen!

Begleitet werden die Kinder auf ihren spannenden Reisen von unserer schlauen Eule, die nie um Rat verlegen ist!

Entdecke die Vulkane

Entdecke das Gold

Entdecke die katholische Kirche

Natur und Tier - Verlag GmbH
An der Kleimannbrücke 39/41 · 48157 Münster
Telefon: 0251 - 13339-0 · Fax: 0251 - 13339-33
E-Mail: verlag@ms-verlag.de · www.ms-verlag.de